Vorwort

Hallo, Freunde!

Wisst Ihr was? Es macht Riesenspaß, mal ein Singspiel aufzuführen mit richtig viel Action dabei! Es darf nur nicht zu schwierig und nicht zu lang sein, damit es z. B. in den Rahmen eines Gottesdienstes passt. Da ist das vorliegende Singspiel von Zachäus gerade das Richtige.

Zachäus, der kleine Mann, ist sehr bekannt und uns irgendwie sympatisch, schon weil er auf einen Baum geklettert ist. Er tat alles, um Jesus zu begegnen. Und das weiterzugeben, ist eine lohnende Sache.

Was wir brauchen? Einen guten Erzähler (Mädchen, Junge oder Erwachsener), einige peppige Schauspieler, einen „Esel“ und ein paar einfache Kulissen. Und natürlich einen begeisterten Kinderchor! Und wenn möglich, ein paar Solosänger.

Eine genaue Regieanweisung sowie die Sprechertexte findet ihr im vorliegenden Heft, ebenfalls die Chorstimmen und eine Klavierbegleitung. Sollte kein Klavierspieler oder Gitarrist zur Verfügung stehen, kann man das Playback, das Ihr am Schluß der MC/CD findet, zur Begleitung abspielen. Und jetzt probiert es selbst aus!

Viel Spaß dabei wünscht euch

Margret Birkenfeld

1. Wir erzählen euch

Text: Margret Birkenfeld
Melodie: Margret Birkenfeld
Klavierbearbeitung: Jochen Rieger

* *alle fassen sich an den Händen*

„Choraufstellung"; Zachäus sitzt am Zoll

Wir erzählen euch (1. Strophe)

1. Szene: Am Zoll

Chor steht in kleinen Gruppen zusammen und stellt pantomimisch den Marktbetrieb dar. Manche halten Früchte und Gemüse in der Hand.

Erzähler: Wir befinden uns in Jericho, einer schönen Stadt in Israel. Da ist immer was los. Heute ist wieder Markt. Die Bauern verkaufen ihre Apfelsinen und Zitronen, die Bananen und Datteln, Kümmel, Mandeln und Pfefferminze, auch Schafe und Ziegen...

Das jeweilige Kind tritt aus dem Chor hervor, hält seine Ware hoch und ruft:

Bauern: – Frische Bananen! Frische Bananen! Vom Feinsten! Heute morgen erst gepflückt!
– Zitronen! Frische Zitronen! Extra sauer!
– Frische Melonen aus Jaffa!
– Frische Fische! Frische Fische!

Das Markttreiben geht pantomimisch weiter.

Erzähler: Ist das ein Gewimmel! Doch der wichtigste Mann in Jericho ist heute – Zachäus. Kennt ihr den Zachäus? Er ist nur ein kleiner Mann, aber steinreich. Er ist nämlich Zöllner – ein Oberzöllner sogar. Was ein Zöllner tut? – Seht mal, da kommt ein Bauer heran mit seinem schwerbepackten Esel...

Marktbetrieb hört auf. Chor stellt sich wieder auf.
Ein Bauer kommt vom Saal oder anderen Bühnenende.

Bauer: *(summt vor sich hin, spricht mit dem Esel)* So, Langohr, jetzt sind wir gleich am Zoll. Huu, ich seh' schon, da sitzt wieder der Zachäus, dieser Gauner...

Zachäus: Halt! Stop! Was hast du da in deinen Säcken?

Bauer: Ooch, da sind Datteln drin, und in dem da ist Pfefferminze...

Zachäus: Und was willst du damit?

Bauer: Ist doch klar! Die will ich verkaufen – auf dem Markt...

Zachäus: *(wichtig)* Im Namen des Kaisers! Gib mir zehn Schekel, dann lasse ich dich durch...

Bauer: Zehn Schekel?! Das ist viel zuviel! Letztes Mal wolltest du nur 8 Schekel für die gleiche Menge! Gut, du kriegst 8 Schekel, aber nicht mehr!

Zachäus: 10 Schekel – oder du kommst hier nicht rein!

Bauer: *(wütend)* Da hast du dein schmutziges Geld!

Zachäus öffnet die Schranke. Der Bauer zieht vorbei und stellt sich zum Chor.

Erzähler: Der Bauer macht, daß er wegkommt. Und Zachäus steckt das Geld in seinen Beutel. Aber denkt ihr, er hätte sich richtig darüber freuen können? Nein – in seinem Innern hört er immer eine Stimme: „Du bist ein Betrüger! Du bist ein Betrüger! Gott hat es gesehen . . . “

Zachäus steckt das Geld in seinen Beutel und „räumt auf“.

Wir erzählen euch (2. Strophe; siehe Seite 4)

Zachäus geht während des Liedes mit einem dicken Lederbeutel zu seiner Wohnung, setzt sich an den Tisch und zählt sein Geld.

Zachäus ist ein reicher Mann (1. und 2. Strophe)

2. Zachäus ist ein reicher Mann

Text: Margret Birkenfeld

Melodie: Margret Birkenfeld
Klavierbearbeitung: Jochen Rieger

Zollstation wird abgebaut, dafür der „Baum“ aufgebaut.

2. Szene: Zachäus begegnet Jesus

Erzähler: So reich und doch so arm ist der Zachäus. Was soll er nur machen? Aber es kann alles neu und gut werden, denn: Jesus kommt nach Jericho – wegen Zachäus!

3. Jericho

Text: Margret Birkenfeld

Melodie: Margret Birkenfeld
Klavierbearbeitung: Jochen Rieger

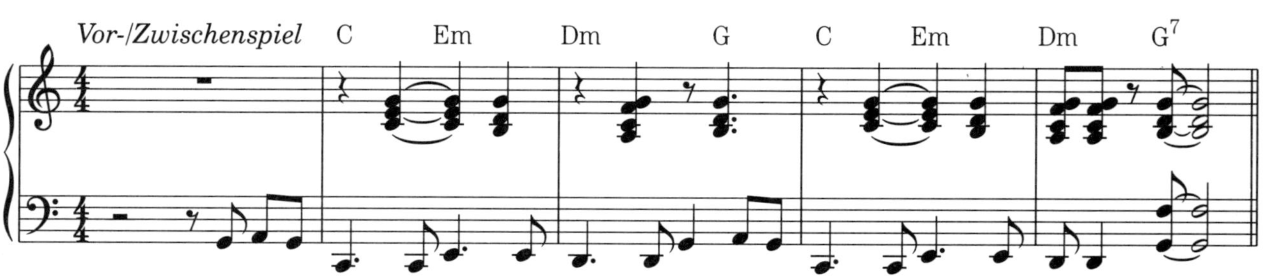

* *Chor macht Schritte nach vorne.*

18
tap, tap, tap, tap, tap, tap lau-fen sie den Weg hin - ab.
C Em F G7 C
22
2. War - tet nur, bleibt fest stehn, je - der soll den Mei - ster sehn.
C Em F Dm G4 G
26
War - tet nur, bleibt fest stehn, je - der soll den Mei - ster sehn.
C Em F G C

Chor schiebt und drängelt. Zachäus mischt sich unter das Volk und wird herumgeschubst.

Erzähler: So ein Gedränge! Sie treten sich gegenseitig auf die Füße ...

Kind: ... Au! ...

Erzähler: ... und recken die Hälse ...

Kind: ... Ich will auch was sehen! ...

Erzähler: ... Es sind viele Kinder dabei. Manche sitzen bei ihrem Vater auf den Schultern, die haben es gut ...

Kind: ... Jippieh! ...

Erzähler: ... Manche stehen vorn. Aber viele stehen hinter den Großen und können nichts sehen ...

Kind: ... Ich wäre einfach auf einen Baum geklettert!

Erzähler: Das ist *die* Idee!

4. Hauruck, schnauf, schnauf

Text: Margret Birkenfeld

Melodie: Margret Birkenfeld
Klavierbearbeitung: Jochen Rieger

Erzähler: So denkt auch Zachäus. Er läuft schnell voraus, damit ihm niemand beim Klettern zuschauen kann, und – hauruck, schnauf, schnauf – klettert er auf einen Maulbeerfeigenbaum. Das geht gar nicht so leicht. Immer wieder bleibt er mit seinem Mantel im Geäst hängen. Aber endlich ist er doch oben und versteckt sich in den großen Blättern.

Währenddessen läuft Zachäus geduckt zum Baum und klettert hinauf.

Hauruck, schnauf, schnauf (3. Strophe; siehe Seite 11)

Erzähler: Jesus weiß es schon lange. Er merkt immer, wenn jemand traurig ist oder zu ihm will. Er weiß auch, wenn jemand keinen Mut hat oder sich schämt, wie Zachäus. Jesus hat genau gesehen, wie Zachäus auf den Baum geklettert ist. Vor Jesus kann sich keiner verstecken – warum auch?

Zachäus ist ein reicher Mann (3. Strophe; siehe Seite 7)

Während der Strophe taucht Jesus auf und gesellt sich zur Volksmenge.

Während Zachäus spricht, kommt Jesus langsam auf den Baum zu.

Zachäus: *(atemlos, keuchend)* ... So – hier bin ich sicher. Von hier aus kann ich alles gut beobachten. Da hinten ist Jesus ... Ich würde ja so gerne mit ihm sprechen. Aber ich schäme mich so. Doch – was seh' ich?? Er kommt genau auf meinen Baum zu!

5. Zachäus komm herunter!

Text: Margret Birkenfeld

Melodie: Margret Birkenfeld
Klavierbearbeitung: Jochen Rieger

* *Jesus legt die Hände an den Mund – spielt den Liedablauf.*
** *Zachäus macht ein erschrockenes Gesicht, dann klettert er schnell vom „Baum" herunter.*

Der Chor tritt zurück, die Frauen bleiben in einer kleinen Gruppe stehn. Jesus geht mit Zachäus zu seiner Wohnung.

1. Frau: *(geheimnisvoll)* Mirjam, hast du das gesehen?

2. Frau: Was? Wo?

1. Frau: Da – da geht der Zachäus! Und siehst du, wer da bei ihm ist?

2. Frau: Ist das nicht Jesus? Der geht mit diesem Betrüger? Das hätte ich ja nicht gedacht.

1. Frau: *(hochmütig)* Ich auch nicht. Ich dachte, der verkehrt nur mit guten und ehrlichen Menschen ...

Die Frauen gehen zum Chor zurück.

Erzähler: Aber Zachäus hört das alles nicht. Er ist ganz aufgeregt vor Freude. Jesus will wirklich mit ihm nach Hause gehen! Er – Zachäus – ist ihm nicht zu schlecht! Nun sind sie bei der schönen Villa von Zachäus angekommen. Er macht die Tür auf ...
Jesus und Zachäus gehen ins Haus. Die Lampe geht an.
Ooh, wie fein ist es hier! Die Teppiche und die Sessel, die Lampen und Vasen ... alles vom Feinsten!
Zachäus bietet Jesus einen Platz an. Sie setzen sich.

Zachäus: Herr Jesus, es soll jetzt alles anders werden. Die Hälfte von meinem Geld und meinen schönen Sachen gebe ich den Armen. Und wenn ich jemand zuviel Geld abgenommen habe, gebe ich ihm viermal soviel zurück.

Erzähler: Und der Herr Jesus sagt zu ihm: „Zachäus, heute ist ein großer Tag für dich. Gott hat dir alle Schuld vergeben, und du bist Gottes Kind geworden." Wie froh ist Zachäus!

Zachäus springt auf und tanzt durch den Raum.

Zachäus: Das müssen wir feiern!

Frau Zachäus deckt den Tisch. Alle feiern! (evtl. Musik ablaufen lassen)

Erzähler: Er tanzt vor Freude. – Und dann hat Frau Zachäus den Tisch gedeckt, und sie haben zusammen ein fröhliches Fest gefeiert.

Inzwischen wird der Baum abgebaut und die Zollstation wieder aufgebaut.

3. Szene: Der „neue" Zachäus

Zachäus sitzt am Zoll, der Bauer kommt wieder vom Saal oder Bühnenrand.

Zachäus: *(freundlich)* Hallo, mein Freund, wie geht's?

Bauer: *(brummig)* Wie soll's gehen? Sag mir lieber gleich, wieviel du heute haben willst ...

Zachäus: Nichts! Du brauchst heute nichts zu bezahlen!

Bauer: *(erstaunt)* Wieso? Das versteh' ich nicht ... Erst acht, dann zehn – und jetzt nichts??

Zachäus: Ganz recht! – Sag mal, kennst du Jesus?

Bauer: Ach, meinst du diesen Wanderprediger?

Zachäus: Genau. Er ist Gottes Sohn. Er hat mich besucht. Stell dir das mal vor!

Bauer: Na und?

Zachäus: Ja – wie soll ich das sagen? Er hat mein gesamtes Leben neu gemacht. Ich hab' ihm alles erzählt, meine ganzen Betrügereien und so – und er hat mir vergeben!

Bauer: Ach ...

Zachäus: Und dann hab' ich ihm noch versprochen: Wenn ich jemand zuviel Geld abgeknöpft habe, gebe ich ihm viermal soviel zurück ...

Bauer: Aah – jetzt dämmert's mir! 2 Schekel zuviel mal 4 sind 8 Schekel. Darum brauch' ich heute nichts zu bezahlen. Vielen Dank, Zachäus!

Zachäus: Ist schon okay!

Bauer: *(nachdenklich)* Ich glaube, ich muß auch mal zu diesem Jesus gehen. Bei mir stimmt nämlich auch nicht alles ...

Zachäus: *(macht die Schranke auf)* Na, dann beeil dich! Nix wie hin!!

Chor kommt nach vorne. Zachäus, der Bauer, Jesus und der Erzähler singen mit:

Wir erzählen euch (3. Strophe; siehe Seite 4)

Vorschläge für Kostüme

Zeichnungen: Sonja Wegener

Chor = Bauern und Marktbesucher (Szene 1) und Volk (Szene 2)

Orientalische, bunte Gewänder

a. Grundkostüm

Einfarbiger Stoff in verschiedenen Farben, Arme/Reiche, schlicht/farbenprächtig

Abb. 1

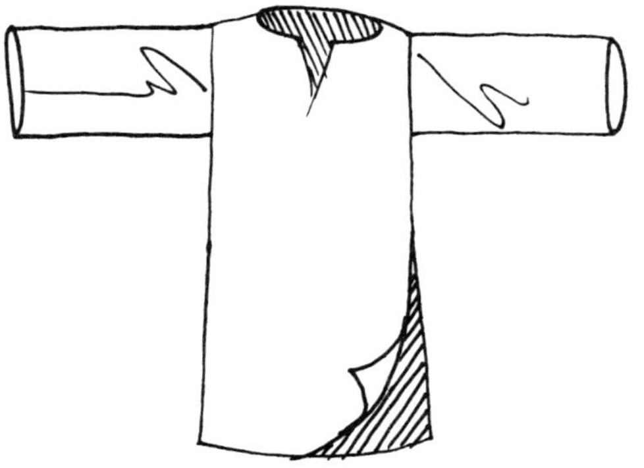

b. Abwandlungen des Grundkostüms

- einfaches Kostüm: Grundkostüm wird nur mit einem breiten Stoffgürtel auf Figur gebracht.

Abb. 2

- verschiedene Tuchüberwürfe. Sie werden alle über das Grundkostüm gezogen und mit breiten Stoffgürteln, Kordeln ... auf Figur gebracht.

Abb. 3

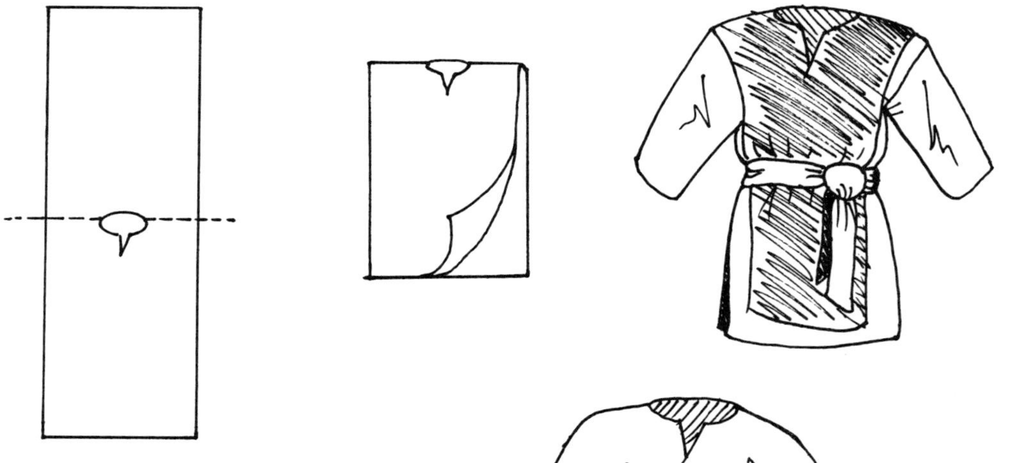

Abb. 4

Abb. 5

Abb. 6

Abb. 7

c. Kopfbedeckungen
Einfache Stirnbänder farblich passend zum Kostüm

Abb. 8

Tuch als Kopfbedeckung mit Stirnband oder Kordel gehalten

Abb. 9a

Abb. 9b

Für Frauen: grosse Tücher, die um den Kopf geschlungen werden

Abb. 10

Kostüm für Zachäus-Darsteller

Langes, orientalisches Gewand mit Mantel
reich
trägt an der Seite einen großen Lederbeutel

Kostüm für Jesus-Darsteller

Langes, orientalisches Gewand,
blau/weiß

Esel

Ein Kind mit grauen Papp-Eselohren geht aufrecht
zweites Kind geht gebückt und hält die Hände des ersten
darüber eine Decke

Säcke, mit Styropor oder Papier gefüllt, hängen zu beiden Seiten des „Esels“ herab,
(mit Strick verbunden)

Szene 1 und 3

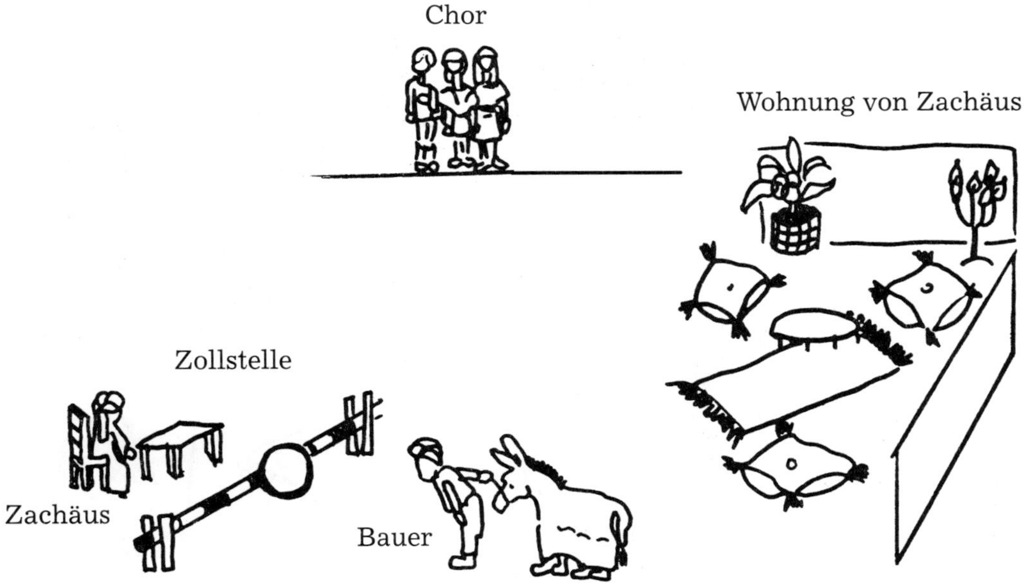

Requisiten:

Lesepult
für ErzählerIn (mit Beleuchtung)

Markt = Chor
Obst und Gemüse, Fisch
echt oder aus Pappe

Zollstelle
Tisch und Stuhl
2 Kartons als Ständer für Schranke
rot/weiß bemalte Latte als Schranke
Zollschild
goldenes Spielgeld

Wohnung
Stellwände
bunter Teppich
Kissen
„Tisch“ (flache Kiste mit einem bunten Fransentuch darüber)
Pflanze
Bodenvase
Lampe
Geschirr

Szene 2

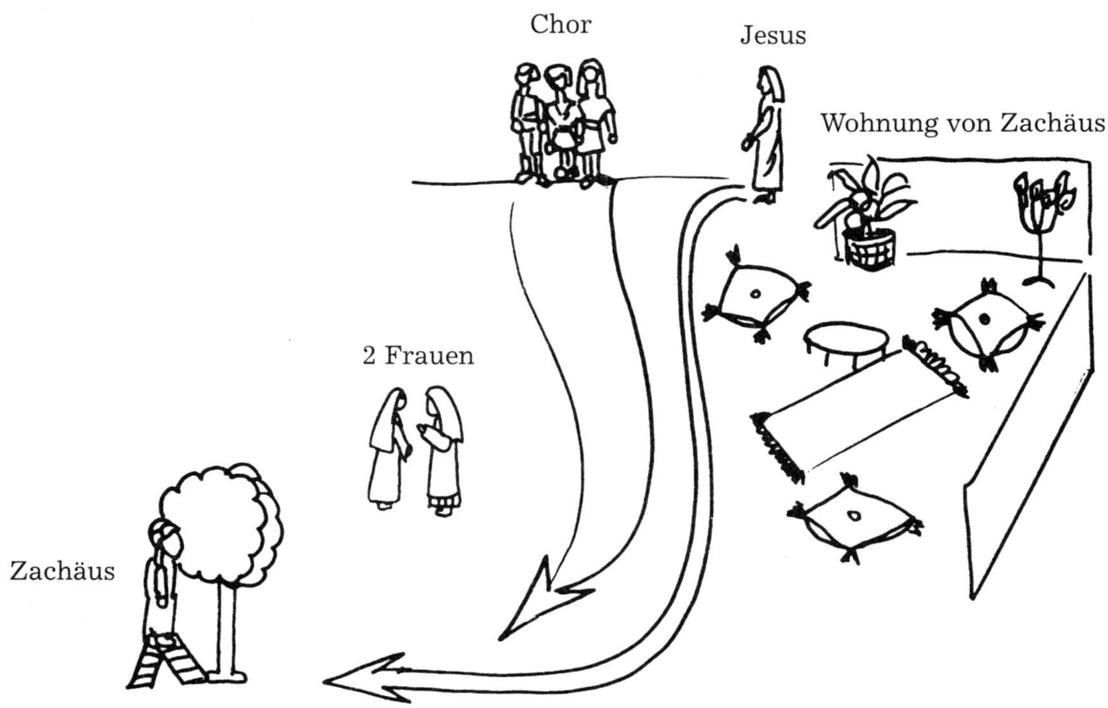

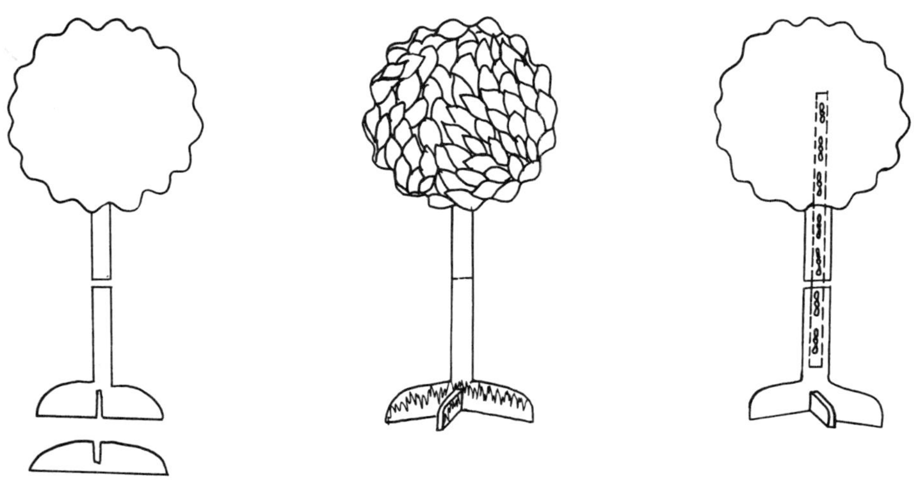

Baum
Material: ca. 2 cm dicke, ganz leichte Bastelplatte
Stamm braun anmalen
evtl. „Füße“ grasgrün bemalen
Blätter malen oder ankleben
Eine lange Latte mit Flügelmuttern auf die beiden Baumteile schrauben

Trittleiter steht hinter dem Baum